Geschichten und Gedichte

aus der Reihe
„Perlen unserer Erinnerung"

MODISCHES ALLERLEI

Carmen Sabernak (Hrsg.)

Bibliografische Information der Deutschen Nationalbibliothek:

Die Deutsche Nationalbibliothek verzeichnet diese Publikation in der Deutschen Nationalbibliografie; detaillierte bibliografische Daten sind im Internet über dnb.d.nb.de abrufbar.

Impressum

2023 © Carmen Sabernak, alle Rechte vorbehalten

Herstellung und Verlag:

BoD - Books on Demand, Norderstedt

Satz und Layout:

Nicole Mewes

Bildnachweise:

© by-studio © sonne fleckl - Fotolia.com
© pvproductions auf Freepik.com
© Hannelore Wolf, Evelyn Barucker

ISBN: 9783757806903

Inhalt

Vorwort

Carmen Sabernak hatte die Idee, die Erinnerungen unterschiedlicher Menschen zu sammeln.

Erinnerungen, die wertvoll wie Perlen sind. Sie fragte in der Teltower AWO-Gruppe nach und es fanden sich schnell MitstreiterInnen.

Einmal im Monat trafen sie sich, tauschten Erinnerungen aus, lasen aus ihren Geschichten und verbrachten schöne gemeinsame Stunden. So wurde recht schnell der Entschluss gefasst, diese „Perlen unserer Erinnerungen" in kleinen Büchern aufzubewahren.

Die Geschichten sind so unterschiedlich, wie die Menschen, die sie erlebt haben. Einzelne Geschichten wurden zum Teil schon vor einigen Jahren verfasst. Deshalb finden sich teilweise auch noch Texte in der alten Rechtschreibung. Diese wurden absichtlich nicht angepasst, denn es sind Perlen aus der betreffenden Zeit.

Wir wünschen Ihnen ebenso viel Vergnügen beim Lesen, wie wir Freude hatten, das Buch zu gestalten.

Herzliche Grüße
das AutorInnenteam und die "Geschichtensammlerin" Carmen Sabernak

Die Welt der Sprache

„Die Sprache ist das wichtigste Mittel zur Verständigung im menschlichen Miteinander. Sie dient dem Austausch von Gedanken und Gefühlen, Erkenntnissen und Informationen."

Sie läßt uns lachen und weinen, staunen und freuen. Sie weckt Erinnerungen an viele Erlebnisse in unserem bunten Leben. Sie spiegelt die Entwicklung vom kleinen Erdenbürger bis in die Zeit der Erwachsenenwelt wider.

Mein erstes Bilderbuch „Tiere von A-Z" liebte ich sehr. In Versform lernte ich - vom Affen bis zum Zebra - viele unbekannte Tiere kennen. Es fiel mir ziemlich leicht, die Verse im Gedächtnis zu speichern. Bald konnte ich alle Seiten des Büchleins mit den bunten Bildern auswendig vortragen. Lesen konnte ich zu diesem Zeitpunkt als Vierjährige noch nicht. Die Fähigkeit des raschen Erfassens von Texten blieb mir erhalten und war sehr hilfreich in der Schulzeit. Den Lehrern fiel meine sprachliche Begabung bald auf. So wurde ich auserkoren, zu feierlichen Anlässen Gedichte zu rezitieren. Natürlich erfasste mich vor jedem Auftritt ein starkes Lampenfieber, das aber auf der Bühne schnell verschwand.

Meine Noten im Unterrichtsfach Deutsch zeigten, wieviel Freude mir mein Lieblingsfach bereitete. Ob ein Diktat kurzfristig angekündigt wurde oder ein Aufsatz zu schreiben war - keine Hürde für mich als Schülerin. Meine Aufsätze gehörten stets zu den drei besten Arbeiten der Klasse. Sie wurden den Mitschülern als Musterbeispiele vorgelesen und machten mich ganz stolz. Die Gabe, kleine Gedichte zu verfassen, nutzte ich in den späteren Jahren für Jubiläen in der Familie. Ein persönlicher Glückwunsch in Versform löste bei allen damit Bedachten viel Freude aus, der größte Ansporn für die Fortführung dieser Tradition.

Eine Schnupperstunde bei den Akteuren im Schreibzirkel der AWO Teltow ließ meinen Entschluß reifen, so wie sie, Geschichten oder Gedichte zu schreiben. Die Reihe „Perlen unserer Erinnerung" entsprach so ganz meinen Vorstellungen für eigene Werke. So wurde ich Mitautorin dieser kleinen Buchreihe. Seit dem Jahr 2018 verfasse ich Geschichten zu den verschiedensten Themen. Manchmal entstehen spontan Gedichte, die auf eigenen Erlebnissen und Beobachtungen beruhen.
Da kann es schon mal passieren, daß ich morgens rasch aus dem Bett springe und meine neue Idee zu Papier bringe. Der Gedanke zum Gedicht vom alten Baum wurde während eines Spaziergangs geboren, ein

anderes entstand spontan an einem Tag voller negati-
ver Ereignisse. Zum Thema „Tiergeschichten" griff ich
auf die Erlebnisse mit zwei eigenen Haustieren zurück.
So formen sich die Gedanken und lassen neue literari-
sche Beiträge entstehen.

Die Welt der Sprache – ob schriftlich oder mündlich –
verbindet die Menschen auf wunderbare Weise mitein-
ander.

Hannelore Wolf, September 2022

Am Ende von 2022

Liebe Leserinnen und Leser,

für Sie ist heute dieser besondere Gruß. Wir freuen uns, dass Sie die „Perlen unserer Erinnerungen" zur Hand genommen haben. Das machen Sie genau richtig und der Fernseher bleibt aus! Was für ein Jahr geht nun zu Ende!

Ein Jahr mit vielen Krisen und Katastrophen, ein Jahr mit Krieg.

So viel Leid in Europa und so viele Sorgen und Ängste gibt es auch hier bei uns. Man fühlt sich ohnmächtig, ob all der Horrormeldungen Tag für Tag.

Und trotzdem gibt es uns Geschichten - und Perlensammlerinnen, die Ihnen ein bisschen aus ihrem Leben berichten. Wir schreiben unsere Erinnerungen auf, auch wenn diese noch so unbedeutend erscheinen mögen. An unserer Freude, unserer Sorge, unseren Erfahrungen lassen wir Sie gern teilnehmen.

Vielleicht erkennen Sie sich in der einen oder anderen Erzählung oder einem Gedicht wieder. Das Schönste für uns wäre, wenn Sie beim Lesen mitkämen in unsere kleine, auch nicht heile aber wertvolle Welt der Erinnerungen.

Also, liebe Leserinnen und Leser, machen Sie sich's schön auf der Couch mit einem Kaffee, Ihrem Lieblingstee oder einem Gläschen Wein. Schalten Sie ab und lassen Sie die weite Welt mit all ihren Bedrohungen für diesen Moment draußen.

Tauchen Sie ein in Erinnerungen von Carmen, von Eva und Evelyn, von Hannelore und Ellen oder von Gela und Margrit.

Margrit Prauß, November 2022

Sommerfrisur für das Ferienlager

Zu Beginn der Schulferien zwischen der 7. und 8. Klasse wollte ich mir einen flotten Sommerhaarschnitt verpassen lassen. Meistens schnitt mir meine Mutti die nicht üppige Haarpracht, weshalb ich auch keine Erfahrung mit Friseuren hatte. Ich wählte, ohne große Überlegungen, den nächst gelegenen aus. Ich wünschte mir von ihm eine „für einen Ostseeurlaub geeignete Kurzhaarfrisur". Nun nahm das Schicksal seinen Lauf. Schon als er das erste Ohr freigelegt hatte, begann ich daran zu zweifeln, ob wir beide die gleiche Vorstellung von „kurz" hatten.

Ob es in diesem Moment noch etwas genützt hätte, Einspruch zu erheben, kann ich nicht sagen. In Wahrheit war ich viel zu schüchtern, meinen Wunsch nachträglich zu korrigieren. Der Schnitt, den er mir verpasste, wäre damals 90 % der Jungen zu kurz gewesen und war für meine Kopfform alles andere als vorteilhaft. Schon beim Verlassen des Friseursalons benutze ich meinen Schal als Kopfbedeckung. Zu Hause angekommen war meine Familie zwischen Mitleid und Lachanfall hin und her gerissen. Meiner Mutti liefen die Tränen über das Gesicht, die Lachtränen.

Die folgenden 14 Tage habe ich unser Grundstück wenig verlassen und bis ich meine Reise an die Ostsee antrat, hatte ich mich entweder an den Anblick gewöhnt oder es sah dann wirklich nicht mehr so schlimm aus. Die Frisur kann nicht in Vergessenheit geraten, denn ich habe aus dem Ferienlagen Bilder, auf denen ich als „Nummerngirl" durch das Programm führte.

Evelyn Barucker, 2022

Schwestern

Der zweite Weltkrieg war zu Ende.

Deutschland von den vier Siegermächten besetzt und aufgeteilt. Im Laufe der Zeit entwickelten sich aus den vier Siegermächten zwei gegensätzliche Gesellschaftssysteme. Amerika, England und Frankreich zusammengeschlossen: "Die Westmächte", die BRD. Die russische Besatzungszone wurde die "Deutsche Demokratische Republik" kurz DDR genannt. Erst waren beide Blöcke nur durch Kontrollpunkte getrennt, später dann (1963) durch eine Mauer mit unmenschlichen Grenzanlagen. Uns Bürgern blieb nichts anderes übrig, als uns notgedrungen den Verhältnissen anzupassen.

Es entstanden zwei Welten mit gegenteiligen sozialen Systemen. Familien waren getrennt, konnten nur eingeschränkt kommunizieren. Das tat man dann, wenn es ging, aber auch ausgiebig. Die in der BRD Beheimateten unterstützten die DDR-Bürger, die unter vielen Mangelsituationen litten, nach Möglichkeit. So wanderten viele Pakete mit Kleidung, Lebensmitteln und auch Genussmitteln und Spielzeug über die Grenze. Kleidung wurde, wenn sie in der DDR nicht vom Empfänger selbst getragen wurde, in entsprechenden Läden weiterverkauft. So entstand in der DDR eine Moderichtung, die der Weltmode oft ein paar Jahre hinterherhinkte, da ja die in die DDR geschickten aussortierten Sachen, nicht gerade die modernsten waren, sondern aus der vorigen Saison stammten. Das erlebten wir dann eines Tages hautnah.

Eines Tages kam Schwiegermutter uns ganz aufgeregt besuchen. Was war geschehen? Als wir ihre aufgeregten Erzählungen sortiert hatten, kam dann folgendes Geschehen, das wirklich an ein Wunder grenzte, heraus.

Meine Schwiegermutter hatte eine jüngere Schwester. Die war im jugendlichen Alter von sechzehn Jahren in den Nachwirren des ersten Weltkrieges von Pommern nach Amerika ausgewandert. Hatte dort geheiratet, zwei Söhne und lebte nun mit ihrem Mann, der auch aus ihrem Heimatort stammte, in den USA. Durch die Verhältnisse nach dem zweiten Weltkrieg, wozu ja auch die Vertreibung aus Pommern gehörte, gab es ja keinerlei Verbindung mehr zur Schwester und auch nicht zu der noch lebenden Mutter. Sie hatte aber nicht aufgehört nach Mutter und Schwester zu suchen.

1972 gab es dann die Überraschung. Über das Rote Kreuz bekam sie die Nachricht, wo ihre Mutter und ihre Schwester mit ihrem Sohn in der DDR lebten. Da sie immer sehr entschlussfreudig war, wurde auch sogleich gehandelt. Ein gerade günstiges Angebot eines Charterfluges genutzt und der Schwester mitgeteilt: „Komme in anderthalb Monaten nach Deutschland, Frankfurt am Main, weiter mit dem Zug nach Potsdam. Von dort könnt ihr mich dann abholen". Freude groß – Schreck auch. In die DDR ging es nur mit Visum. Antragszeit ca. fünf bis sechs Monate. Brief zwischen DDR und Amerika etwa drei Wochen.

Was nun??? Eine in der DDR oft gebrauchte Redensart kam nun zum Tragen: „Beziehungen schaden nur dem, der keine hat". Wir hatten unseren Kummer im Sportverein erzählt und da nahm uns ein Sportfreund zu Seite und meinte, dass er uns vielleicht helfen könnte, das Visum noch rechtzeitig zu bekommen. Oh Wunder – es gelang. Wir schafften es auch, eine gangbare Reiseroute rechtzeitig nach Amerika zu übermitteln. Wir hatten nun das Visum, wussten aber nicht, kam unsere Tante über den Check Point

Charlie oder über den Ausländerübergang Bahnhof Friedrichstraße. Also fuhren wir zwischen den beiden Übergängen hin und her.

Diesen Tag werde ich nie vergessen. Es war nämlich der 13. August, der Tag des Mauerbaus und halb Berlin entweder gesperrt oder mit Polizei besetzt. Die nettesten davon waren die Grenzpolizisten am Check Point Charlie. Nachdem wir ihnen erklärt hatte worum es uns ging, riefen sie schon von weitem: „Ihre Tante ist noch nicht da!"

Dann endlich ein fröhliches Winken und eine Gruppe Menschen kam durch die Kontrolle. Schwiegermutter sortierte: „Die alte Dame, diese dort oder jene könnte meine Schwester sein." Ich – nee! Die sahen alle aus wie Schwiegermutter. Endlich kam unsere Tante. Und da zeigte es sich, dass es nicht nur politisch, sondern auch von der Mode her, zwei Welten gab. Schwiegermutter seriös, altersgemäß in gedeckten Farben. Ihre Schwester toll gestylt, flotter Hosenanzug, über dem Arm ein dezent bunter Mantel, Tasche und Koffer passten auch perfekt dazu. Erkannt hatte ich sie an der nicht zu übersehenden Familienähnlichkeit.

Der Besuch war ein wunderbarer Monat. Er war zwar anstrengend für unsere Tante, denn sie musste sich in unseren kleinen Trabi quetschen. Der wäre auf ihr Auto quer auf die Motorhaube gegangen. Sie erläuterte aber, dass die Größe ihres Autos den Anforderungen entsprechend ist, denn die Entfernungen, die in den Staaten zurückgelegt werden müssen, erfordern andere PKW-Formate. Es gab auf beiden Seiten viele Sachen die wir uns damals nicht vorstellen konnten.

Unsere Tante verstand nicht, dass wir Frauen uns mit solch billiger und auch qualitativ schlechter Mode abspeisen ließen. Auch in dieser Richtung hatten wir großen Gesprächsbedarf. Im Rahmen unserer Familienmodediskussionen, was man so im Alter tragen sollte, habe ich dann profitiert. Die Sachen, die unsere Tante ihrer Schwester mitgebracht hatte, fand diese altersgemäß unpassend. Auch gut. Tante und ich hatten die gleiche Figur und so kam ich zu einigen modernen Sachen, einschließlich Unterwäsche und Schuhe. Unser Sohn, vier Jahre alt, kam im Kindergarten in den Ruf, dass ihm die DDR - Garderobe nicht gefiel. Dabei musste er anziehen was die Eltern wollten. Und er hatte nun mal einige tolle Pullover und echte Jeans von seiner Großtante bekommen.

Es war ein schöner, vor allem interessanter Monat mit unserer Tante. Doch auch der ging vorbei. Das Beste daran war, dass unsere Oma ihre Tochter noch sehen konnte. Dass meine Schwiegermutter ihre Schwester erleben durfte. Die Entfernung war ja nicht das Hindernis, sondern die verschiedenen Gesellschaftsordnungen, die sich bis in so banale Bereiche wie die Mode hinzogen.

Das Allerbeste an dieser Geschichte ist, das alles in einer Zeit geschah, die überwunden ist. Die DDR existiert nicht mehr und einer Reise zwischen Amerika und dem wiedervereinten Deutschland steht nichts im Wege.

Nur ist leider durch die Abschottung der DDR und die leider langen Jahre bis zur Wende des Geschehens, unsere Familie nach diesem Treffen nicht mehr zusammengekommen.

Geschrieben habe ich diese Geschichte 2022.
Eva Maria Kluck

Eine pflegeleichte Frisur

Ich lebte mit einem Mann und einem 6 Monate alten Baby in einer kalten, wenig komfortablen Drei-Raum-Wohnung. Haushalt, Vollzeitjob und unsere entzückende Tochter kosteten viel Zeit. Allein das Baden unserer Tochter nahm zwei Stunden in Anspruch: Bis wir die Küche geheizt, das Wasser in einem Windeltopf erwärmt und schließlich das Wasser aus der Kinderbadewanne wieder in den Ausguss gebracht hatten, war doch sehr viel Aufwand nötig.

Ich hatte hellblonde schulterlange Haare, für die ich mir keine Zeit mehr nehmen wollte. Ich stellte mir eine etwas kürzere Frisur pflegeleichter vor. Diesen Entschluss teilte ich meinem Mann mit, der mich bisher nur mit dieser Haarlänge kannte. Er war entsetzt und verabschiedete mich mit den Worten: „Dann kannst du sie dir auch gleich dunkel färben lassen". Ich nahm ihn beim Wort. Die Haare wurden kürzer und dunkel.

Nachdem „das Werk" vollbracht war, klingelte ich an meiner Wohnungstür. Mein Mann öffnete die Tür und begrüßte mich mit den Worten: „Meine Frau ist nicht zu Hause, sie wollen sicher zu ihr". Mein Mann war aber nicht der Einzige, der mich nicht erkannte. Am nächsten Tag war ich auch für meine Kollegen ein unbekanntes Gesicht. Es dauerte mehrere Tage, bis ich mich mit allen wieder bekannt gemacht hatte. Ich sah tatsächlich sehr verändert aus.

Mit jedem Waschen der Haare kam meine bisherige Farbe wieder zum Vorschein und ich wurde mir immer ähnlicher.

Evelyn Barucker, 2022

Ganz schön eitel!

Es war zu DDR – Zeiten, ungefähr 1980/81. Wir lebten in und mit der Mangelwirtschaft. Den Modesektor dominierte das allgemeine Einheitsangebot von Konsum und HO. Zusätzlich gab es noch die sogenannten „Exquisitgeschäfte" in den Großstädten. Diese sehr viel teureren Produkte waren meistens nur zum Anschauen für uns - das Volk. Nun ja, man wagte doch den einen oder anderen Blick ab und zu ....
Ich war jung und brauchte dringend eine Winterjacke. Pünktlich an den Liefertagen der Geschäfte schaute ich hier und da - ohne Erfolg. Die Wochen vergingen und so kam es, dass ich mir ein Herz fasste und ins Exquisit in Potsdam reinschaute. Es war unglaublich, da hing sie, „meine Jacke" - ein Traum in Schwarz. Soo schön, so besonders, so warm und schick und soo teuer! Mehrere Tage trug ich in Gedanken nun diese tolle Jacke mit mir rum. Dann erfolgte ein Kassensturz und danach wurde dieser Wahnsinn MEIN.

Ich war so verliebt in die Jacke. Sie passte perfekt, stand mir und schmeichelte meiner Eitelkeit. Dieses Teil hatte ich ganz allein, kein DDR Einheitslook. Jeden Tag zog ich sie an und alle fanden mich todschick in ihr. Nach einer Woche, es war in unserer Kaufhalle, dann der Schock. Da war sie – meine Jacke! Sie wärmte und verzauberte Frau Winterfreude (ich nenne sie so). Wir begegneten uns nicht direkt, aber ich habe sie genau gesehen, haargenau meine Jacke. Frau Winterfreude sah umwerfend aus. Ich kannte sie schon länger. Wir grüßten uns immer und manchmal ergab sich auch eine kleine Unterhaltung. Sie sah immer gut aus und hatte einen gewissen „Schick". Selbst in einem Kartoffelsack hätte sie noch toll ausgesehen.

Und nun in dieser Traumjacke. Heute weiß ich, dass sie mich damals ebenfalls wahrgenommen hatte. Einige Zeit später wiederholte sich unser Zusammentreffen. Diesmal schon etwas lockerer mit einem Winkerchen. Beim dritten Mal gingen wir gleichzeitig aufeinander zu, begrüßten uns freundlich und mussten lachen. Das Eis war geschmolzen, die Eitelkeiten gezähmt und dadurch ein nettes Gespräch möglich. Wir waren beide irgendwie befreit. Nun erzählten wir uns wie und wann und wo wir unsere besten Stücke erstanden hatten. Von nun an waren wir die zwei Schönsten im Städtchen und unsere Jacken wurden getragen und getragen und getragen.

Margrit Prauß, 2022

"Tausend Tele" - Tips

Wer erinnert sich denn heute noch an die „Tausend Tele-Tips", die einzige Werbesendung im DDR-Fernsehen? Erstmals ausgestrahlt wurde sie im April 1960 im DFF - und zwar in schwarz-weiß.

Anfangs lief die Werbung nur montags, später täglich außer am Sonntag. Die Länge der Sendung war auf dreißig Minuten begrenzt. Bis zum April 1975 konnte man die Reklameanzeigen und Werbefilme verfolgen. Die Werbespots „garnierte" man mit kurzen Trickfilmen, um damit auch die jüngsten Zuschauer anzusprechen.

Für mich hat diese Sendung einen besonderen Erinnerungswert. Als junge Kindergärtnerin bekam ich im Jahr 1966 die Gelegenheit zur Mitwirkung in einem Werbefilm. Und das kam so:

Die Firma „Elbit" in Sachsen stellte farbige Gummistiefel - insbesondere für Kinder - her. Sie suchte nach einer Möglichkeit, dieses Produkt in einem Werbefilm anzubieten.

So kam ein Team der Sendung „ttt" in den Leipziger Betriebs - Kindergarten, in dem ich zu dieser Zeit arbeitete.

Die Leiterin entschied sich, die Dreharbeiten für einen kurzen Film zu unterstützen. Natürlich wurde eine Aufwandsentschädigung vereinbart, die der Einrichtung zugute kommen sollte.

Man wählte mich als Hauptakteurin, gemeinsam mit einer kleinen Kindergruppe, für die Werbeaufnahmen aus. Nun begann für die Kinder und mich eine aufregende Zeit. Die größte Freude erzeugte die Auswahl der Gummistiefel. Jedes Kind konnte seine Lieblingsfarbe aus dem bunten Sortiment wählen! Stolz stiefelten sie damit herum und waren sooo glücklich.

Das Film-Team besprach nun den Ablauf für den Dreh mit uns Akteuren. Wir hatten die Aufgabe, uns die Hände zu reichen und einen Kreis zu bilden. Ein lustiger Reigen mit fröhlichem Gesang folgte, wobei die Aufnahmen der Color-Stiefel den Mittelpunkt bildeten. Ein bunter Ball mit Werbung für die Firma wurde mein Requisit. Bei den ersten Aufnahmen klappte noch nicht alles perfekt, aber nach mehreren Versuchen war der Film „im Kasten".

Die Kinder wurden mit Süßigkeiten und ihren Stiefeln belohnt, das Kindergarten-Kollektiv erhielt den vereinbarten Betrag zur Anschaffung von neuen Spielgeräten. Bis zur Ausstrahlung des Werbefilms verging eine Weile voller Ungeduld.

Dann konnten wir uns endlich im Fernsehen bewundern. Sogar in den Kinos lief die Werbung für die Gummistiefel im Vorspann zu den Hauptfilmen – welch eine Karriere!

Hannelore Wolf, 2022

Mode - mal anders betrachtet

Ja Mode – was bedeutet dieser Begriff? In welchem Zusammenhang auch immer, er drückt aus, was im Augenblick, in dieser Zeit benutzt, getätigt oder sprachlich verwendet wird.

Kurz gesagt, das Wort Mode bedeutet Zeitgeschmack. Den häufigsten Zusammenhang findet man in Bezug auf die Bekleidung. Von der Antike bis heute findet man diese Beweise dafür. Maßgeblich ist der in der Zeit herrschende Geschmack, und über den lässt sich ja bekanntlich nicht streiten. Leider wird das oft vergessen.

So gab es vor kurzem eine Fernsehsendung über alte, beliebte Schlager. Kommentiert von bekannten Künstlern. Da ging es dann so: „Der hat ja eine Superstimme, der Text des Stückes ist ja auch gut – aber die Frisur und die Kleidung .... Wie die damals herumliefen!" Ehrlich, der junge Mann hatte herrliche Locken. Vo-ku-hi-la, vorne kurz und hinten lang, genannt. Damals war das einfach schick.

Es wurde auch gelästert über die Mode der Nachkriegszeit. In der Notlage alles zu tragen was irgendwie möglich war, half über die schlimme Zeit. Kleidung mit Flicken, eingesetzten Teilen mit anderen Mustern, umgearbeitete Uniformen, alles war möglich, Hauptsache zweckmäßig.

Danach gab es knöchellange Schlaghosen mit Aufschlag, die die Ringelsocken zeigten. Die Füße steckten in großen Schuhen mit den sogenannten dicken Kreppsohlen.

Zurück zu Vo-ku-hi-la. Ich habe schlichtes, glattes mittelblondes Haar und habe die Bengels mit ihren Locken beneidet. Ehrlich – sind die rasierten Schädel der Herren wirklich schöner? Wenn Glatze Natur, ist es halt so. Aber Kopf rasiert, dafür 3-Tagebart oder länger ist auch Geschmackssache. Somit Ansichtssache und kein Streitproblem. Verlangt einfach Akzeptanz und Toleranz.

Doch die Kleidermode kann auch erhebliche Probleme hervorrufen. Ganz bekannt sind Probleme mit der Figur. Viele Menschen gehören ja leider in die Kategorie „Schwergewicht". Da wird nun alles unternommen, um in die für Leichtgewichtige hergestellte Garderobe zu passen. Abgesehen von der durch

Essensverzicht hervorgerufenen Magersucht, gab es schon vor Jahrzehnten sehr fragwürdige Mittel.

Wussten Sie schon, dass es eine bekannte Opernsängerin gab, die sich, um schlank zu bleiben, einen Bandwurm einsetzen ließ? Und sie war nicht die Einzige, die zu solchen obskuren Mittel griff. Da sind die unzähligen Mittelchen und Diäten, an denen sich Pharmazieunternehmen eine goldene Nase verdienen, beinahe harmlos. Die Wespentaille, die lange das Modegeschehen beherrschte, war auch nicht gerade gesundheitsfördernd. Doch was heute gemacht wird, um eine derartig schlanke Taille zu zeigen, ist beinahe strafbar. Da gibt es Frauen, die lassen sich die unteren Rippen entfernen, um sich extrem einschnüren zu können. Da kann man doch nur fragen: „Hallo geht's noch?"

Da wir gerade von Operationen reden, sollte man ein Problem nicht unerwähnt lassen. Unzählige Frauen müssen sich ihre Füße operieren lassen, um die Fehlstellung der großen Zehe (Hallux valgus) zu beseitigen. Ist in vielen Fällen die Folge der Schuhmode. Je spitzer – je besser. Ich habe diese Mode auch mitgemacht. Allerdings die Schuhe eine Nummer größer gekauft, unter dem Schreibtisch ausgezogen und sie auch nur zu besonderen Anlässen getragen.

Nun ja – die Folgen der Modesünden muss jeder selbst tragen, besser gesagt ertragen. Bis auf die Kosten. Die werden in vielen Fällen von den Krankenkassen, also von der Gesellschaft getragen.

Einen Aspekt hätte ich beinahe vergessen. Was modebewusste manches Mal ihren Mitbürgern zumuten. Bei einem meiner Krankenhausaufenthalte habe ich eine sehr nette junge Schwesternschülerin kennengelernt. Sie hatte wunderschöne rückenlange Haare. Diese lernte ich, als ich ihre Hilfe in Anspruch nehmen musste, kennen. Als sie mich betreute, hatte ich mehrmals ihre Haare im Gesicht. Bei der Behandlung habe ich mit ihr gesprochen, ihr erzählt, wofür früher die Schwesternhauben gut waren. Das hatte ihr noch keiner erzählt. Am nächsten Tag hatte sie einen schönen dicken Zopf. Wir haben uns bis zu meiner Entlassung gut verstanden. In diesem Fall war die Angelegenheit ja positiv gelaufen.

Es zeigt sich immer wieder, dass man mehr miteinander reden muss. Die Bekleidungsmode ist da nur ein harmloses Beispiel. Achtung vor den Mitbürgern und vor dem Eigentum Anderer, ist leider nicht mehr modern. Was hörte ich da neulich mit, bei einem Gespräch unter jungen Leuten: „Meine Güte, es ist eben heute modern, die Anlagen mit Graffitis zu bemalen. Hauptsache man hat Spaß und kommt mit dem Rücken an die Wand".

Ich bin mir ganz sicher, da hat irgendwer vor Jahren vergessen, zu reden. Ist aber wohl bis heute nicht mehr modern.

Eva-Maria Kluck, 2022

Handarbeiten

Von 1949 bis 1957 ging ich in Güterfelde zur Schule. Ab der 5. Klasse hatten die Mädchen das Fach „Handarbeit". Einmal in der Woche mit Frau Klemp.
Da lernten wir stopfen, nähen, sticken und stricken. Am Ende der Schulzeit konnten wir so viel, daß wir jede von diesen Handarbeitsarten ordentlich ausführen konnten.

Bald versuchte ich, meinen ersten Pullover aus Wollresten zu stricken. Ich strickte eifrig. Nach den ersten 30 Reihen verkrampften sich meine Finger, die Hände taten mir weh. Ich legte das Strickzeug beiseite und sah es lange Zeit nicht mehr an.

Aber eines Tages strickte ich weiter und mit jedem Mal ging es besser. Nach ungefähr einem Jahr hatte ich meinen ersten Pullover fertig. Er war zwar nicht fehlerfrei, aber ich konnte ihn anziehen. Mit jedem Pullover wurde ich sicherer und schneller.

Als ich 40 Jahre alt war, trat ich in einen Wanderverein ein. Wir gingen an den Wochenenden durch Wald und Feld. Wir machten auch Fahrten in die näheren und weiteren Gegenden unserer Heimat. Da nahm ich dann mein Strickzeug mit, welches ich damals gerade in Arbeit hatte. So konnte ich Wartezeiten sinnvoll überbrücken, wenn ich strickte.

Als dann die Rundstricknadeln aktuell wurden, ging das Stricken richtig los. Nun habe ich viele unterschiedliche Pullover, verschiedenfarbig, mit andersartigen Mustern, kurz- oder langärmlig.

Ich bin richtig zufrieden mit mir!

Gela, 24. August 2021

Das neue Kleid

Als Jugendliche hatte ich viele von meiner Mutti und später auch von mir selbst genähte Sachen. Wegen der Variabilität zog ich meist Rock mit Bluse oder Pulli einem Kleid vor.

Bei einem Kaufhausbesuch warf ich jedoch alle guten Vorsätze über Bord und kaufte mir ein dunkelblaues langärmliges Etui-Kleid, sowohl mit einem weißen als auch mit einem dunkelblauen Plisseekragen zum wahlweisen Gebrauch. Stolz erzählte ich meiner Freundin von meiner Errungenschaft und wie viele Möglichkeiten es gibt, dieses Kleid zu verwandeln.

Natürlich zog ich es mit dem weißen Kragen und dazu passenden weißen Pumps gleich zum nächsten Tanzabend im Stahnsdorfer Hof an. Schon nach kurzer Zeit hatten meine Freundin und ich auf der anderen Seite der Tanzfläche ein junges Mädchen mit dem gleichen blauen Kleid und auch dem weißen Kragen entdeckt. In Sekundenschnelle hatte ich meinen weißen Kragen in die Tasche gesteckt und schon sah ich ein bisschen anders aus.

Vor circa zehn Jahren habe ich es wieder einmal gewagt, mit einem neu gekauften Kleid, diesmal zum Sportlerball unseres Sportvereins, zu gehen.

Ich hatte dieses weiß/dunkelblaue Etuikleid mit den dunkelblauen Einsätzen an den Seitennähten bei einem Einkaufsbummel mit zwei Freundinnen entdeckt und wollte es gleich bei der nächsten Gelegenheit anziehen.

Bei der Ankunft an unserem sehr zentral stehenden Tisch stellte ich fest, dass die Frau des Vereinsvorsitzenden, die fast neben mir saß, ein sehr ähnliches Modell in schwarz/weiß anhatte. Wir kennen uns schon viele Jahre und trugen es beide mit Humor. Die Frage der Fotografin, ob wir das abgesprochen hatten, erstaunte uns dann doch. Wer würde so etwas tun?

Meine Tante hat es bei solch einer Gelegenheit viel schlimmer getroffen. Sie war damals eine zierliche sehr hübsche Frau und war mit einem teuren Kleid aus dem Exquisit zu einem Betriebsfest erschienen, auf dem die ältere mollige Frau des Chefs das gleiche Modell trug. Die männlichen Kollegen fanden das lustig und tanzten besonders gerne mit ihr in der

Nähe der „Doppelgängerin".

Der Chef betrachtete die Anschaffung dieses teuren Kleides für seine Frau dann als Fehlinvestition, für die er irgendwie meine Tante verantwortlich machte.

Draus sollte man folgendes lernen: Gehe nie mit einem auffälligen Kleid, das sogar aktuell verkauft wird, zu einer großen Veranstaltung.

Evelyn Barucker, August 2022

Von der Kundin zum „Mannequin"

Mit der Bildung des ersten Gemeindeverbandes im Kreis Potsdam-Land im Jahr 1973 wuchs die Bedeutung der Stadt Teltow als Industriestandort.

Sie mauserte sich zum Zentrum der elektronischen Industrie der ehemaligen DDR. In den beiden, die Stadt dominierenden Großbetriebe GRW und Carl von Ossietzky, bekannt als CvO, arbeiteten allein über 10.000 Menschen.

In den Jahren 1984 bis 1989 arbeitete auch ich im CvO, im Direktorat Sozialökonomie. In den Großbetrieben erleichterten soziale Einrichtungen das Arbeitsleben der Betriebsangehörigen. Die meisten Frauen waren voll berufstätig und sorgten nach Feierabend für das Wohl der Familie. So nahmen sie gern die Angebote wahr, in den Betriebsverkaufsstellen Lebensmittel und Textilien einzukaufen.

Die Möglichkeiten für einen Arztbesuch, auch Zahnarzt oder Physiotherapie innerhalb des Werksgeländes nahmen ebenfalls viele Betriebsangehörige gern in Anspruch. Weiterhin gehörten eine Schneiderei, die Wäscherei sowie andere wichtige Dienstleistungen zum Angebot des Bereiches Sozialökonomie.

Die zwei Schneiderinnen der „Nähstube" fertigten für ihre Kunden nach Wunsch neue Kleidungsstücke an. Sie nahmen aber auch Aufträge für Änderungen entgegen. Während meiner Tätigkeit in diesem Betrieb gehörte auch ich zu den Kundinnen in der Schneiderei.

Eines Tages überraschte man mich dort mit der Anfrage, ob ich an einer Modenschau teilnehmen würde. Ich als „Mannequin?" - das Wort „Model" gehörte damals noch nicht zu unserem Wortschatz.

Zur Programmgestaltung der Frauentags-Feier im Betrieb planten die Veranstalter diese Vorführung. Man wollte damit für die, in der betriebseigenen Schneiderwerkstatt, gefertigten Kleidungsstücke werben. Natürlich lag es nahe, zunächst die Kundinnen selbst für die Modenschau zu gewinnen.

Mit Engelszungen redeten die zwei Schneiderinnen auf mich ein. Nach längerem Zögern willigte ich schließlich ein, diese ungewöhnliche Aufgabe zu übernehmen. Gemeinsam mit den anderen Frauen ging es an die Vorbereitung des großen Ereignisses. Zunächst gab es eine Einweisung von sachkundigen Personen zum Ablauf der Präsentation.

Dann folgten Proben: Wie bewegt man sich auf dem „Laufsteg", wann macht man eine Drehung, in welche Richtung laufe ich ..., das Ganze wurde dann mit musikalischer Untermalung geübt. Also hieß es, sich im Takt zu bewegen, möglichst anmutig zu schreiten und lächeln, lächeln, lächeln! Es war schon eine ziemliche Herausforderung für uns „blutige" Anfängerinnen.

Der Tag der großen Feier nahte und die Aufregung wuchs von Stunde zu Stunde. Kurz vor unserem Auftritt spendierte der Veranstalter ein Schnäpschen zur Beruhigung. Es half zwar nicht, aber mutig wagten wir die Schritte auf das Parkett.

Eine Ansagerin begleitete die jeweilige Vorführung unter Beifall des Publikums. Wenn wir auch keine perfekte Show lieferten, kam unser Beitrag bei den Anwesenden doch gut an.

Die Werbung für die Arbeit der fleißigen Schneiderin-

nen wurde ein voller Erfolg. Sie bewirkte einen Auf-
schwung und brachte viele neue Aufträge.

So hatte sich die Mühe und der Einsatz von uns
Laien-"Mannequins" doch gelohnt!

Hannelore Wolf, 2022

Ein Traum aus Fell

Ich heiratete vier Tage vor meinem 19. Geburtstag, kurz nach dem Abschluss meiner Berufsausbildung. Danach studierten wir nacheinander jeweils drei Jahre an verschiedenen Fachschulen. Der andere bekam in der Zeit jeweils nur ein bescheidenes „Einstiegsgehalt". Trotzdem „leisteten" wir uns bereits ein Jahr nach der Hochzeit eine kleine Tochter. In den ersten Jahren war der Monat immer länger als das Gehalt reichte. Wir hatten uns aber finanziell darauf eingestellt und unsere Wünsche den Möglichkeiten angepasst. Außerdem kamen uns meine Eltern in diesen Jahren oft in Leipzig besuchen, vorzugsweise am Monatsende. Sie sorgten dann für einen vollen Kühlschrank und erfüllten uns auch andere kleine Wünsche.

Wir konnten damit gut umgehen, denn unseren besten Freunden erging es ähnlich, wir investierten alle in unsere Ausbildung. Auch nach dem Studienabschluss konnten wir keine großen Sprünge machen. Die meisten Schichtarbeiter in der Produktion wären für unser Gehalt gar nicht erst aufgestanden.

Wie jeder NVA-Soldat wurde auch mein Mann in unregelmäßigen Abständen für einige Wochen in abgelegene Sandwüsten im Norden der DDR zur Reserve einberufen. Um den Abschied diesmal noch etwas hinauszuzögern, nahm ich mir einen Tag Urlaub und brachte meinen Mann mit dem Auto meiner Mutti zur Kaserne. Auf dem Weg dorthin machten wir Halt für einen Stadtbummel, der uns an einem „Exquisit" vorbeiführte. „Exquisit", das waren Textilgeschäfte für den gehobenen Anspruch.

Es war Herbst und so hing im Schaufenster eine wunderschöne Pelzjacke, hellgrau aus langhaarigem, synthetischem Fell mit hellgrauem Wildleder abgesetzt. Ich erstarrte förmlich und konnte mich nicht von dem Anblick losreißen. Mein Mann las mir meinen Wunsch von den Augen ab und wollte, dass ich diese Jacke wenigstens einmal anprobiere, obwohl der Preis keinesfalls unseren sonstigen Einkäufen entsprach.

Die Anprobe war ein herrliches Gefühl, die Jacke war leicht und kuschelig warm, genau richtig für eine Frostbeule wie mich. Meinem Mann gefiel, was er sah. Er selbst war wenig eitel, aber mich sah er gern in schönen Sachen, die ich normalerweise auch selbst nähte oder strickte. Gegen alle Vernunft sollte es diese Jacke sein! Da er jetzt vier Wochen nicht zu

Hause sei, sparen wir Wirtschaftsgeld – das war sein Argument – mit äußerster Sparsamkeit sei es durchaus zu schaffen, das Monatsbudget nicht zu überschreiten.

Während seiner Abwesenheit bekam ich eines Tages einen Anruf von der GRW-Außenstelle der Sparkasse mit der Aufforderung, mich sofort dort zu melden. Da ich sehr geizig bei den täglichen Ausgaben war, hatte ich keinerlei Schuldbewusstsein, denn ich schrieb alles auf und das Geld wurde sorgfältig für alle Ausgaben eingeteilt.

Bei der Sparkasse angekommen wurde ich lautstark an den Sonderschalter zitiert und bekam eine Standpauke wie ein Serienbetrüger. Alle Kunden der Sparkasse wussten somit von unserem überzogenen Konto. Man musste beim Zuhören zu dem Schluss kommen, dass wir ständig im Minus seien, dabei war es vorher noch nie vorgekommen. Ich wollte im Boden versinken und mir verschlug es die Sprache. Ich konnte mir und ihr die Misere erst nach genauerer Betrachtung erklären, allerdings nicht in der gleichen Lautstärke wie ihre Anschuldigung zuvor.

Der Scheck, den wir für die Jacke ausgeschrieben

hatten, war inzwischen abgebucht worden, mein Gehalt war angekommen, die Daueraufträge abgebucht – aber das Gehalt meines Mannes war nicht gutgeschrieben. Es wurde bis zu dieser Zeit in bar ausgezahlt. In Vorbereitung auf seinen Reservistendienst beauftragte er das Lohnbüro mit der Überweisung auf unser Konto. Aber offensichtlich hatte das nicht funktioniert.

Die endgültige Lösung des Problems musste auf die Zeit nach seiner Rückkehr warten. Ich konnte nur mit einem „Überbrückungskredit" meiner Eltern das Konto ausgleichen, aber die Folgen der öffentlichen Standpauke wirkten bei mir lange nach. Die Peinlichkeit von damals kann ich heute immer noch fühlen.

Das alles tat jedoch der Liebe zu diesem Kleidungsstück keinen Abbruch, und es war für viele Jahre mein absolutes Lieblingsteil.

Evelyn Barucker, 2022

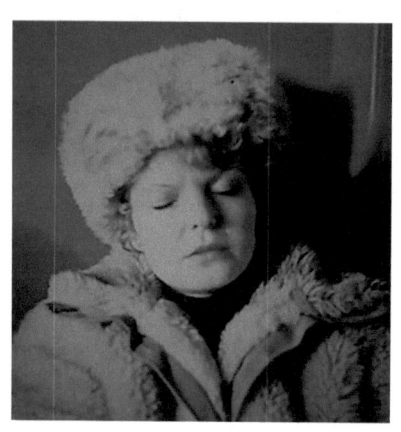

Von Jacken und Mänteln

Ich bin so am überlegen, ich glaube ich war so 14 Jahre alt.

Da brachte mir meine Mutter eine Jacke mit. Die war von ihrer Kollegin und dieser zu klein. Sie dachte sich, für ein junges Mädchen würde es die richtige Größe sein.

Es war eine Lederjacke, vielleicht auch aus Kunstleder und eher ein Kurzmantel. Es war ein ganz weiches Leder und die Farbe war metallic, grünblau, eher blau. In der Taille war ein Gürtel. Man sah eher erwachsen aus als jugendlich, dass machte wohl der Schnitt.
Ich zog sie gleich am nächsten Tag zur Schule an. Voller Stolz betrat ich den Schulhof. Unsere Klasse traf sich im Lesegarten. So hieß der moderne Bereich auf dem Schulgelände, der mit Grünpflanzen und Bänken bestückt war. Es gab viele kleine Bereiche und Nischen. Dort angekommen, wartete ich im geheimen auf Lob und Bewunderung. Ein Klassenkamerad sprach mich an und fragte: „Oh, wo hast du denn diese Frofole-Jacke her?" Ich war entsetzt! Was sollte das denn? Ich war so erschrocken, das ich nur

sagen konnte: „Ha, ha sehr witzig."

Ich überlegte und dachte mir, woher will der denn wissen wie Frofole aussieht. Ich war sauer und auch traurig. Am nächsten Tag habe ich die Jacke nicht mehr angezogen, ich hatte keine Lust auf dumme Kommentare und prompt kam die Frage: „Na, warum hast du denn nicht deine Frofole-Jacke an?"

Es verging eine ganze Weile, dann zog ich die Jacke wieder an, und was kam? Ein blöder Kommentar. Ich war jetzt erhaben darüber und hörte einfach weg.

Heute wissen nur wenige, was mit diesem Wort ver- bunden ist. Frofole ist eine Abkürzung im Volksmund und war die Bezeichnung für ein seltenes Lederimitat zu DDR-Zeiten, es sollte ein Hauch von Exklusivität vermitteln. Man benutzte es für den Bezug von Auto- sitzen oder auch als Putztuch.

Ellen Wutschik, Januar 2022

Mode (Sünden?)

Als ich das neue Thema für das Buch hörte, fiel mir gleich zum Thema Mode eine Story ein.

Ich war ungefähr 10 oder 11 Jahre alt und ich stand am Sonnabend angelehnt an einer Schulmauer auf dem Pausenhof. Es war Frühling aber noch empfindlich frisch um 9:10 Uhr zur ersten großen Pause.

Am Nachmittag zuvor war ich mit meiner Mutter Schuhe einkaufen. Es war immer ziemlich schwer, passende Schuhe zu finden, weil ich ein sehr großes dünnes Mädchen war und einen langen schmalen Fuß hatte. Ich weiß noch genau, es war der Schuhladen in Potsdam in der Dortustraße an der Ecke, da kauften wir schon öfter Schuhe.

Die Verkäuferin und meine Mutti überredeten mich nach langen hin und her zu einem Paar Lackschuhe, gelb, in Ballerinaform. Über dem Spann kreuzten sich gelbe Riemen und ich habe sie nur genommen, weil ich mit meinem langen schmalen Fuß wirklich guten Halt hatte.

Gefallen haben sie mir nicht.

Anschließend gingen wir dann noch ins sogenannte „Russenmagazin". Dort gab es einen kurzen 12-bahnigen Wildlederrock mit goldenen Druckknöpfen auf der Vorderseite, welcher mir sogar passte. Denn passende Hosen oder Röcke für mich zu bekommen war genauso schwierig, weil ich eben so dünn war und damals in der DDR die sogenannte Strich/0- Größe brauchte. Der Rock war ganz schön kurz, aber gefallen hat er mir sehr. Dazu gab es aus dem Präsent-20-Stoff eine braune Blousonjacke mit weißen Punkten und einer auffälligen Brusttasche. Sogar die Ärmel waren lang genug und die weißen Knöpfe an der Jacke waren auch relativ schick.

Also machte ich mich für den kurzen Schultag am Samstag richtig schick. Ich zog den neuen 12-bahnigen Wildlederrock, dunkelblaue Strumpfhosen mit leichtem Rippmuster, die gelben Lackschuhe und die neue Blousonjacke an und fand mich, bis auf die Schuhe, sehr modisch gekleidet. Nur wenn ich von oben an mir runter sah und die langen gelben Lackschuhe anguckte, wo sich das gelbe Kreuz auf den dunkelblauen Strumpfhosen mächtig hervorhob, hatte ich ein ungutes Gefühl. Und dieses bestätigte sich dann auch in der großen Pause.

Ich stand wie gesagt angelehnt an der Schulhofmauer, ein Bein angewinkelt und mit dem Fuß abgestützt an der Wand und schon kamen die ersten hässlichen Sprüche. Wo ich denn wohl die Schuhe gekauft hätte und wie man dazu eine dunkelblaue Strumpfhose anziehen könnte, der Rock wäre auch viel zu kurz und die Jacke wäre eine Jungsjacke.

Ich war beschämt und ärgerte mich, die Schuhe fand ich ja auch nicht toll und es war das einzige Mal das ich sie trug. Fortan zog ich wieder meine alten Schuhe an, die allerdings viel zu klein waren. Meine Mutti sagte immer, ich soll die neuen Schuhe anziehen und ließ mich nicht aus dem Haus. Aber ich hatte mir meine alten Schuhe in die Tasche gesteckt, ging in gelben Lackschuhen aus dem Haus und auf dem Schulweg am Spielplatz wechselte ich dann die Schuhe.

Gott sei Dank wuchs mein Fuß immer noch weiter und eines schönen Tages waren mir die gelben Dinger dann auch endlich zu klein, darüber war ich sehr froh.

So unterschiedlich sind die Modegeschmäcker und so empfindlich reagierte ich auf die Meinungen und Äußerungen meiner Klassenkameraden. Das passiert mir schon lange nicht mehr. Ich trage, was mir gefällt und trage die Sachen, in den ich mich wohl fühle und „ICH" sein kann. Von Vorteil ist auch, dass ich heute in keinen Schuhladen mehr brauche, denn ich habe inzwischen eine Übergröße und kann nur online Schuhe kaufen. Die probiere ich dann zuhause an und keiner kommt auf die Idee, mich zum Kauf zu überreden.

Beate Martin, Februar 2023

Mode - interessant - aber immer schön?

In ganz jungen Jahren wollte ich immer Modistin werden. Hatte auch alle Voraussetzungen dafür. Die Lehre zur Maßschneiderin, Aufnahmeprüfung an der Meisterschule für das Kunsthandwerk geschafft. Na prima!

Dann hat die Politik einen großen Strich durch meine Pläne gemacht, eine Mauer durch unser Land gezogen und schon waren alle Berufsträume geplatzt. Die Mauer trennte mich von meinen Plänen.

Das Leben geht aber weiter und mein zweiter Beruf beinhaltete die Regelung des Finanzgeschehens. War zwar ganz anders als erträumt, aber durch die Wirren unserer Zeit doch sehr interessant. Wenn ich jetzt die Mode aus sicherer Entfernung betrachte, bin ich mit meinem Leben ganz zufrieden. Was ich in der Bekleidung manchmal so sehe, erfüllt mich mit Grausen.

Da ziert ein wunderschöner kurzer Tüllrock diese

schmale Taille der Trägerin. Dann ein paar sehr schlanke, schöne Beine. Die stecken in Schnürstiefeln, mit denen man den Himalaja überqueren könnte. Würde aber auch nicht gehen, da die Schäfte so weit sind, dass die Beine darin stehen wie bei einer Kuh, die in den Melkeimer getreten ist. Nach oben ist Bauchfrei angesagt. Zum Ausgleich muss der dicke Schal, doppelt um den Hals geschlungen, herhalten. Hört sich alles an, als ob ich im Alter bösartig geworden bin. Ist aber nicht so. Denn das Geschilderte entspricht dem, was bei jedem Wandel der Mode zu hören und zu lesen ist.

In meiner Zeit gab es den Petticoat. Der war ja niedlich. Dafür bekamen die jungen Herren ihr Fett ab. Diese weiten Aufschlaghosen!!! Die Länge als ob Hochwasser angesagt ist. Nee - damit die Ringelsocken, die in voller Schönheit zu sehen waren, zur Geltung kamen. Na und die Schuhe! Wuchtige Halbschuhe mit so ca. 5 cm dicken Kreppsohlen (Naturgummi), die wenigstens einen 2 cm breiten Rand hatten. Todschick!! Oder etwa nicht? So wurde jeder Modetrend kommentiert. Mal witzig, mal anzüglich oder sogar gemein. Der Gerechtigkeit geschuldet aber auch manches Mal bewundernd. Es liegt immer an der Einschätzung des Betrachters.

So ist die Mode eben. Allerdings nicht nur im Bereich der Bekleidung. Auch bei unserer Sprache gibt es da so Einiges zu hören. Denken wir an unsere Grußformeln. Als nach Ende des zweiten Weltkrieges „Heil Hitler" ausgedient hatte, war endlich wieder „Guten Tag" und „Guten Morgen" oder „Abend" der übliche Gruß. War wohl zu eintönig und so wurde: „Einen schönen Tag noch" zum allgemeinen Abschiedswort. War manches Mal sehr unpassend, wenn z.B. der Zahnarzt es sagte, nach dem Ziehen des vereiterten Backenzahnes oder die Besucher der Beerdigung so verabschiedet wurden. Ganz neu ist jetzt „Schön, dass Sie da sind" oder "Ich freue mich, dass Du da bist". Da bei wird dann das Modelächeln gezeigt. Wenn nur nicht der übrige Gesichtsausdruck was ganz anderes aussagen würde, sodass man nicht genau weiß, ob die gezeigten Zähne nicht lieber beißen würden.

Besonders interessant ist es jetzt im Internet, bis hin zum Sprachgebrauch. Manches Mal ist es ja einfach. Bei der Verabschiedung zum Krankenbesuch "LG, oder VLG". Die Worte „Liebe Grüße" oder „Viele liebe Grüße" sind zwar länger, wären aber doch viel herzlicher. Das hieße dann übrigens „HG".

Auf weitere Beispiele, die in der Regel aus dem Englischen stammen, muss ich leider verzichten, denn „gtg" (muss jetzt los, got to go), habe einen dringenden Termin.

„HD" Herzlichen Dank oder auch „thx" (thanks = Danke), dass Sie meinen Artikel gelesen haben. Ich verspreche, dass ich bei meiner Muttersprache bleibe und sie, so wie sie alles ausdrücken kann, nutzen werde.

Eva-Maria Kluck, Februar 2023

Für mehr Volumen

Als kleines Kind hatte ich sehr dünnes, feines Haar. Es waren auch nicht viele Haare auf meinem Kopf und so wurde entschieden, mir mit drei Jahren den Kopf ganz kahl zu scheren, in der Hoffnung, es wird kräftig nach wachsen.

Das funktionierte aber leider bei mir nicht, dafür bekam ich aber regelmäßig die Haare beim Friseur geschnitten. Ich weiß noch genau wo der Friseur war und wie er hieß, Nicki. Ich durfte immer auf dem hohen Kindersitz aus dunklem Holz, der sich so schön drehte, sitzen.

Später, als Teenager, so mit 15/16 Jahren wollte ich unbedingt eine Dauerwelle, für mehr Volumen auf dem Kopf, haben. Bei meiner Mutti im Betrieb gab es eine Friseurin, bei der ich einen Termin bekam. Schöne Locken, beziehungsweise schön kraus sollte es werden. Ich fand mich toll, es hat mir sehr gefallen und so ging ich gleich zum Fotografen und ließ mir Bilder machen.

Mit der Zeit wuchsen die Haare und die Dauerwelle

verlor ein bisschen ihre Form, aber das störte mich nicht, es war für mich in Ordnung. Allerdings sahen das andere Leute nicht so. Auf meinem Weg nach Hause ging ich an einem Haus vorbei, wo immer eine ältere Dame auf ihrem Kissen aus dem Fenster schaute. Als ich auf ihrer Höhe war. Sagte sie zu mir: „Es gibt so etwas, das nennt sich Kamm". Ich sagte nichts und ging einfach weiter. „So eine Frechheit" dachte ich mir und ärgerte mich noch einige Tage darüber.

1-2 Jahre später habe ich mir dann die Haare ganz kurz schneiden lassen.

Ellen Wutschik, Februar 2023

Das doppelte Lottchen

Meine Mutti war eine geschickte und einfallsreiche Näherin, die durch viele Tipps eines Herrenmaßschneiders fast perfekt wurde.
Die Arbeit begann mit einem angepassten Schnitt, die zugeschnittenen Stoffteile wurden zuerst geheftet und gegebenenfalls auch getrennt. Diese Fähigkeit wurde an die weiblichen Familienmitglieder weitergegeben. Mutter, Tochter und Enkeltochter hatten auch einige Jahre fast die gleichen/identische Köpermaße, nur in der Länge legte jede Generation jeweils 10 cm zu. So konnten einmal angefertigte Schnitte mit kleinen Anpassungen variabel genutzt werden.

Bei meiner Mutti und mir befanden sich auch zwei gleiche Hosen im Kleiderschrank. Auch beim Blättern in Katalogen zeigten wir oft auf die gleichen Sachen.

Ich liebe Marlenehosen und fertigte mir deshalb Mitte der 90iger Jahre aus festem, braun/beige gestreiftem Stoff, eine entsprechende Hose und eine passende Weste. Der Anzug wurde durch dunkelbraune Plateauschuhe und einen braunen Trenchcoat komplettiert. An meiner Kombination war der letzte Stich noch nicht getan, da war meine Tochter schon auf dem Weg zu unserem Lieblingsstoffladen in Babelsberg. Der Stoff war noch vorrätig, aber für die Weste kaufte sie Punkte statt Streifen.

Meine Tochter lebte damals schon in Berlin, aber wir verbrachten ein Jahr lang, beide mit unseren jeweiligen Kolleginnen, die Mittagspause in der Innenstadt von Potsdam. Eines Tages betrat ich mit meiner Kollegin ein Bekleidungsgeschäft und hörte eine vertraute Stimme. Wir gingen in die Richtung der Stimme und plötzlich stand ich, bis auf kleine Abweichungen, vor meinem Spiegelbild. Uns sind vor lauter Lachen die Tränen gekommen. Wir haben uns weder davor, noch danach in unserer Mittagspause getroffen, nur dieses eine Mal und dann als doppeltes Lottchen.

Am Ende einer Familienfeier zog sich meine Tochter ihre dunkelbraune Lederjacke an, fand aber die falschen Autoschlüssel in der Jackentasche. Es war meine völlig identische Jacke, die wir unabhängig voneinander bei P&C gekauft hatten.

Zu einem Brunch erschienen meine Tochter und ich im gleichen hellgrünen Pullover. Wir lachten alle darüber und keine von uns zog den Pullover einfach aus.

Evelyn Barucker, Mai 2022

Rote Stiefelchen in Binz

Wir fuhren sehr gern mit unseren kleinen, vorschul-altrigen Kindern an die Ostsee. Auch später, als sie Schulkinder geworden waren, empfanden wir Urlaub an der Ostsee stets als Highlight.

Die Unterkunft war, heute unvorstellbar, einfach, primitiv und unbequem. Um die Verpflegung muss-te man sich sowieso selber kümmern, auch dies war eine „Aufgabe" zu tiefsten DDR-Zeiten. Sei's drum – wir freuten uns immer wie „Bolle", wenn wir unseren Trabi vollstopften mit Naturalien aus unserem Garten und mit Wasserball, Luftmatratze und Federballspiel für den Strand.

Es gab aber noch ein ziemliches Problem, denn unser „großes Kind" litt unter häufigen Harnwegsentzün-dungen. Einmal musste sie deshalb sogar ins Kran-kenhaus. Das war ein Drama und ist eine eigene Ge-schichte wert. Gott sei Dank hat sich später all das verloren und sie hat auch keine psychischen Schäden davongetragen.

Doch zurück zur Ostsee. Wir hatten also einen Platz

in der Vorsaison bekommen, in den alten Holz-
bungalows vom VEB GRW. Unsere Dani hatte vorher
wieder schlechte Laborwerte. Die Ärztin mahnte zu
großer Vorsicht, vor kalten Füßen usw. Wir alle freu-
ten uns doch so sehr auf diesen Urlaub!

Ich überlegte, wie wir ihn für uns als Familie möglich
machen konnten. Dann kam mir die Idee mit kleinen
Stiefelchen für beide Kinder, aus Solidarität. So er-
stand ich rote, jawohl rot mussten sie sein, Stiefel-
chen für unsere Süßen. Ich legte dicke Sohlen hinein
und die Kinder bekamen noch Socken an. Nach an-
fänglichem Protest fügten sich beide in ihr Schick-
sal und beim Spielen im Sand und Wasser waren die
Stiefel bald vergessen. Die roten Stiefelchen erwiesen
sich als gut und wirksam, die Füße blieben trocken
und warm. Für uns Eltern hatten sie auch noch den
Effekt, dass wir die Kinder immer sofort im Blick hat-
ten.

Es gibt süße Bilder von den Mädels mit Eimer, Schip-
pe, Ball und an den Füßen die roten Stiefel. Diese
Urlaube in Binz waren schön. Dreimal gehörten die
„Roten" mit zum Gepäck. Gott sei Dank gab es sie,
wann immer ich eine größere Nummer kaufen muss-
te.

Unsere Töchter haben uns zum runden Geburtstag in diesem Jahr noch einmal ein paar Tage „Binz" organisiert, ganz anders als damals natürlich. Die Holzbungalows gibt es schon lange nicht mehr. Es werden schöne Tage auf Rügen sein mit vielen Erinnerungen an uns als junge Familie – und an die roten Stiefel unserer Kinder.

Margrit Prauß, Mai 2022

Ein Foto weckt Erinnerung

Einem französischen Erfinder gelang es im Jahre 1826, ein fotografisches Bild herzustellen. Diese Technik entwickelte sich bis in die heutige Zeit ständig weiter. Dank der Fotografie ist es möglich, Personen und Tiere, Natur und Ereignisse auf Bildern festzuhalten. So bleiben unsere Erinnerungen stets lebendig.

Beim Stöbern in der Schublade mit den Fotoalben und Fotografien aus meinem Leben fiel mir ein Erinnerungsfoto aus dem Jahr 1965 in die Hände. Darauf erblickt der Betrachter drei junge Männer in Uniform. An ihrer Seite stehen lächelnd toll kostümierte junge Frauen. Eine Moderatorin, bekannt aus dem Fernsehen der DDR, schaut mit dem Mikrofon in der Hand auf die Szenerie.

Mir wird beim Anschauen des Bildes bewußt, wie viele Jahre seither vergangen sind. Im April des Jahres 1965 war ich gerade mal zwanzig Jahre jung. Die Erinnerung an das fotografisch festgehaltene Ereignis übermannt mich. Was geschah damals in meinem Leben?

Die NVA plante zur Auszeichnung von Berufssoldaten eine Veranstaltung in Berlin. Es wurde beschlossen, zu der im Metropol-Theater stattfindenden Ehrung, die Ehefrauen als Überraschungsgäste einzuladen. Zu den Auszuzeichnenden gehörte auch mein damaliger Mann. Bereits im Januar erschienen bei mir in Leipzig überraschend zwei Männer in Uniform – großer Schreck! War etwas Unerwartetes passiert?

Man beruhigte mich eilends und nannte den Grund des Besuches. Es ging um meine Teilnahme an der geplanten Veranstaltung! Vorgesehen waren weiterhin drei Tage Aufenthalt in der Hauptstadt mit vielen Überraschungen als Dankeschön.

Welch ein verlockendes Angebot, aber es gab ein großes Problem: Mein erster Sohn war zu diesem Zeitpunkt gerade sechs Monate alt! Wer sollte das Baby in meiner Abwesenheit betreuen? Es wurde beratschlagt und nach Lösungen gesucht. Man lotete alle Möglichkeiten aus und fand schließlich einen Weg: Meine älteste Schwester erklärte sich bereit, gemeinsam mit der Oma ihren kleinen Neffen liebevoll zu umsorgen.

So konnte das Unternehmen starten. Ein Fahrzeug mit einem Fahrer, der sich um mein Wohl sorgte, brachte mich im April nach Berlin. Treffpunkt dort war zunächst das Hotel „Berolina", wo man uns Frauen über den Ablauf der nächsten Tage informierte. Den Höhepunkt bildete natürlich die große Gala im Metropol-Theater. Hierfür gab es nun spezielle Anweisungen, die bei uns Beteiligten natürlich großes Herzklopfen verursachten.

Aus uns Ehefrauen wurden Darstellerinnen des Theaters, die man in Kostüme von Operettenfiguren steckte. Aus mir wurde die „Schöne Helena", nach der gleichnamigen Oper von Jacques Offenbach. Nach allen Regeln der Kunst geschminkt, mit blonder Perücke und langem Haar, erkannte ich mich im Spiegel selbst kaum wieder. Wie würde mein ahnungsloser Mann auf diese Verkleidung reagieren? In der Zwischenzeit begann die Auszeichnungsgala, die von Erika Radtke moderiert wurde. Den älteren Fernsehguckern ist sie vielleicht noch bekannt. Der Auftritt der „Metropol-Damen" war als Ratespiel vorgesehen.

Den völlig überraschten Männern verschlug es die Sprache bei dem Anblick ihrer kostümierten Frauen auf der Bühne. Die Fragen, welche Operettenfigur vor Ihnen stand, blieben unbeantwortet. Auch die unterstützende Hilfe durch die Moderatorin bei der

Lösung der Aufgabe führte nicht zum gewünschten Erfolg. Ihre Gedanken kreisten nur um die Frage: Wo kommt ihr denn her?

Trotz aller fachmännischen Verwandlungskünste wurden wir sofort erkannt – und fühlten uns glücklich!

Frau Radtke löste das Rätsel für die Zuschauer unter großem Beifall auf, wir Beteiligten fielen uns in die Arme. Die Freude über das unerwartete Wiedersehen war groß. Der Abend wurde ein voller Erfolg und gebührend gefeiert. Dieses Erlebnis und die anschließenden gemeinsamen Tage in Berlin bleiben unvergessen.

Hannelore Wolf, Dezember 2021

Das Kostüm

Die Einladungen waren verteilt worden. An alle, an das gesamte Personal, vom ärztlichen Direktor bis zum Hausmeister. Nachdem im Laufe der Jahre 1979 und 1980 alle Abteilungen ihre Tätigkeiten aufgenommen hatten und die Poliklinik auch von der Bevölkerung angenommen wurde, sollte nun die offizielle Eröffnung gefeiert werden. Der Bürgermeister, Vertreter des Rates des Kreises und andere Persönlichkeiten würden Reden halten. Also, eine „große Sache" stand bevor. Heute sagt man „Firmenevent" dazu.

Für uns junge Krankenschwestern und unsere noch jüngeren Azubis war dabei das Thema Kleiderordnung natürlich von Bedeutung. Wir besprachen das auch untereinander. In der allgemein medizinischen Abteilung gab es außer mehreren Ärzten auch zwei Doktorinnen. Beide in ähnlichem Alter und von etwas korpulenter Statur. Die beiden Damen begegneten sich in „kollegial-höflicher Distanz"! So kann man es beschreiben. Nun gut, wir hatten eine Frau Dr. Müller und eine Frau Dr. Meyer. Es hatte sich so ergeben, dass wir Schwestern zu Frau Dr. Meyer immer

„Doktrine" sagten. Natürlich nicht im Beisein von Patienten, nur in den Pausen und privat. Wir Schwestern kamen mit beiden Ärztinnen ganz gut klar. Für die Männer der „Allgemeinen" war der Dresscode für die bevorstehende Einweihungsfeier kein großes Thema. Im Laufe der Tage klärte sich dann nach und nach, was jede von uns so anziehen würde zum großen Ereignis. Für teure Neuanschaffungen hatten wir eigentlich alle nicht das nötige Geld. Eines Tages kam unsere Frau Dr. Müller mit einer großen Tüte zum Spätdienst. Sie war shoppen. Neugierig bedrängten wie sie, uns ihre Schätze zu zeigen. Anfänglich wollte sie nicht so recht.

Doch dann, sie war sichtlich stolz auf ihre Wahl, wurde die Tüte geöffnet. Heraus kam ein Kostüm! Edel, dezent gemustert in grau-grün-braun. Ein Bleistiftrock mit Gehschlitz hinten, knieumspielend, dazu ein Blazer mit Revers und interessanter Knopflösung. Dazu eine beige, leicht schimmernde Bluse mit Rundhals. Ja! - sehr schön - unaufgeregt und kleidsam, dem Anlass entsprechend. Auch der Konfektionsgröße von Frau Dr. Müller entgegenkommend. Von Doktrine Meyer war nichts zu hören. Sie hatte ein paar Tage frei. Dann, am Tag vor der Festivität rief Doktrine in der Abteilung an. Sie meldete sich krank.

Man hörte, dass es sie ganz schön erwischt hatte. Es sei so bedauerlich, da sie sich doch extra etwas „Schönes" gekauft habe. Nun, dass Event ging vorüber. Alle waren schick oder hatten sich zumindest bemüht. Einige Zeit später erschien Doktrine zu ihrem Spätdienst. Wir konnten es nicht fassen! Sprachlos starrten wir auf genau das gleiche Kostüm, welches sich Frau Dr. Müller gekauft hatte. Die gleichen Farben, alles haargenau so!

Das Schicksal hatte es so gewollt, dass Frau Dr. Müller an diesem Tag keine Sprechstunde hielt und auch nicht im Hause war. Zweimal blieb beiden Damen somit durch glückliche Umstände die Peinlichkeit erspart, mit dem gleichen Kostüm gekleidet zu sein. Doktrine meinte, sie fahre heute nach ihrem Dienst ins Konzert und so komme das neue, teure Kostüm wenigstens noch zum Einsatz. Wir machten auch ihr Komplimente, wie gut sie doch aussehe, und ließen uns nichts anmerken.

Ich glaube in all den Jahren der Zusammenarbeit blieb das doppelte Kostüm unserer beiden Doktorinnen ein Geheimnis.

Mode ist eben immer ein Thema bei uns Frauen und „Kleider machen Leute", gestern genauso wie heute.

Margrit Prauß, September 2022

Eine haarige Geschichte

Der schönste Schmuck für einen Menschen – ob groß oder klein – ist seine Haartracht. Jeder erhält diesen natürlichen Schmuck von Mutter Natur mit auf seinen Lebensweg.

Was nun im Laufe der Jahre damit geschieht, ist von vielen Einflüssen abhängig. Als kleines Kind macht man sich keine Gedanken über seine Haare. Die Entscheidung über die Frisuren ihrer Kinder treffen meistens die Mütter.

Meine haarige Geschichte beginnt mit den Erinnerungen meiner Schwestern an unsere Kindheit. Sie erzählten mir, dass ich als Kleinkind ein blondes Lockenköpfchen war. Leider fühlten sich in einem dichten Haarschopf auch kleine Tierchen wohl, die in der damaligen Zeit zu einer schlimmen Plage wurden: Die Kopfläuse! Meine niedliche Lockenpracht fiel der Schere meiner Mutter zum Opfer. So stand ich – wie mir berichtet wurde – in meinem Gitterbettchen und suchte auf meinem kahlen Köpfchen vergeblich nach den Haaren.

Mein Haarwuchs entwickelte sich später jedoch prächtig. Die ersten Zöpfchen trug ich ganz stolz zu meiner Einschulung. Das längere Haar verleitete meine Mutter, verschiedene Zopfvarianten auszuprobieren. So zauberte sie mit viel Geschick aus den geflochtenen Haaren beidseitig über die Ohren hängende „Affenschaukeln". Diese Frisur war bei mir und anderen Mädchen besonders unbeliebt. Sie verführte unsere Mitschüler zu Hänseleien und spöttischen Bemerkungen. Manchmal trug ich einen eingeflochtenen Seitenzopf. Als besondere Attraktion galt bei den meisten Mädchen ein Haarkranz, der das Haupt wie eine Krone komplett bedeckte. Die einfachste und schnellste Variante waren die Flechtzöpfe, die auf den Rücken fielen.

Die Jahre als „Zopfmädchen" ertrug ich meist einsichtig und geduldig. Es gab glückliche Momente mit meinen langen Haaren, manchmal aber auch Tränen der Verzweiflung bei der Prozedur der Haarwäsche. Nach dem Abschluß der achten Klasse besuchte ich eine Mittelschule mit Unterkunft in einem Internat. Um den Aufwand der Haarpflege zu verringern, durfte ich mein langes Haar bis auf Schulterlänge kürzen lassen. Damit ließ es sich nun wunderbar zu einem Pferdeschwanz binden.

Ein Stirnpony vervollständigte die neue Frisur.
Diese Veränderung stärkte mein Selbstbewusstsein ungemein. Sah ich doch damit wie ein flotter Teenager aus! Um erwachsener zu wirken, entschied ich mich in der 10. Klasse für eine gänzlich andere Haartracht. Zu dieser Zeit war die Dauerwelle in Mode. So fand ich eine Kurzhaarfrisur mit Dauerwelle passend für mich. Und dann passierte etwas völlig Unerwartetes: Kurze Zeit nach der Umformung meiner Frisur nahm mein mittelblondes Haar vom Scheitel aus allmählich einen dunkleren Farbton an. Die Friseurin, die ich ziemlich ratlos aufsuchte, fand keine Erklärung für diesen ungewöhnlichen Vorgang. Sie meinte, daß die chemische Lösung für die Dauerwelle diese Verfärbung verursacht haben könnte.

Welch' eine fatale Entscheidung hatte ich da nur getroffen! So wurde ich ungewollt zu einem jungen Mädchen mit dunkelblonden Haaren. Vielleicht wirkte ich nun ein wenig erwachsener, aber keineswegs hübscher als von mir erwartet.

Fazit der Geschichte: „Man sollte nicht allem, was gerade modern ist, blindlings vertrauen."

Hannelore Wolf, Februar 2023

Die Autoren:

GELA (Jahrgang 1943)
Hobbies: Theatergruppe, Wandern

Eva-Maria Kluck (Jahrgang 1935)
Geboren in Berlin, von 1936 bis 1997 in Kleinmachnow gelebt, danach in Stahnsdorf.

Berufe: Maßschneiderin und Wirtschaftskauffrau Sie war als Angestellte im Rat der Gemeinde Kleinmachnow, in der Landwirtschaftsbank in Potsdam und von 1975 bis 2000 im Gesundheitswesen (Geschäftsleitung, ab 1997 Leiterin des Seniorenbüros AVUS) in Teltow tätig.

Hobbys: Aus dem Leben schreiben: Anekdoten, bissige Leserbriefe, Glossen und Familiengeschichte, ehrenamtliche Tätigkeit in Selbsthilfegruppen.

Margrit Prauß (Jahrgang 1947)
ist in Sachsen geboren und aufgewachsen.

Beruf: Krankenschwester, Ausbildung med. Fachschule Hubertusburg Wermsdorf.

Seit 1969 wohnt sie in Teltow, hat 2 Töchter und 4 zauberhafte Enkelkinder. Sie liebte immer schon „Deutsch" in der Schule, schrieb gerne Aufsätze, später Briefe. Gedanken, Erinnerungen und Erfahrungen aus ihrem Leben zu formulieren macht ihr viel Freude und sie gibt diese gern weiter.

Hannelore Wolf (Jahrgang 1944)
geboren in Westpreußen, nach der Flucht aus Danzig in Mecklenburg aufgewachsen, Ausbildung zur Kindergärtnerin im Schweriner Schloß. Umzug 1963 nach Leipzig, Heirat und Umzug 1967 nach Teltow.

Tätig als Kindergärtnerin, Wechsel in die GRW-Bibliothek, nach der Wende als Sachbearbeiterin im Sozialamt Teltow, seit 2009 Rentnerin.
Sie ist verheiratet, hat 3 Kinder und 4 Enkelkinder.

Hobbys: Singen im Chor, Mitglied einer Sportgruppe, Reisen und Tanzen, Verfassen von Versen zu bestimmten Anlässen sowie spontanes Schreiben kleiner Gedichte!

Ellen Wutschik (Jahrgang 1964)
Geboren in Potsdam-Babelsberg

Evelyn Barucker (1949 in Potsdam geboren)

Sie lebt seit 1953 in Kleinmachnow und seit 1971 in Teltow. Sie vermisst die ungeschriebenen Geschichten ihrer Eltern und Großeltern und möchte deshalb einige Erlebnisse für ihre Kinder und Enkelkinder erhalten.

Beate Martin (Jahrgang 1964)

Sie lebt in Jüterbog, hat einen großartigen erwachsenen Sohn, liebt die Ostsee und die Ruhe in der Natur.

Carmen Sabernak (Jahrgang 1958)

Die „Geschichtensammlerin" - Schreibt am liebsten mit Blick auf das Meer oder auf ihrer Rosenbank im Familiengarten.

Bisher erschienen

Aus der Reihe „Perlen unserer Erinnerung" sind bereits (im BoD Verlag zum Preis von 5,00 Euro) erschienen:

2013
„Hannas Weihnachtsengel" - ISBN: 9783732280414
„Begegnungen im Leben" - ISBN: 9783732280889

2015
„Verlust und Wiederfinden" - ISBN: 9783734745812
„Elli" - ISBN: 9783734769276
„Mein Berlin - Mitten mang und Dichte bei" - ISBN: 9783738613599
„Am Wege blüht Vergissmeinnicht" - ISBN: 9783738629262
„Singen und Wandern - das ist unser Leben" ISBN: 9783738659931

2016
„Jahreswende - von Anfang bis Ende" - ISBN: 9783741276798

2017
„Sehnsucht, Glück und Bäume" - ISBN: 9783848257195

2018
„Täuscht der schöne Schein?" - ISBN: 9783748111948
„Winterperlen" - ISBN: 9783748101093

2019
„Sommer-Zeit-Reise" - ISBN: 9783748146964
„Geflüster bei Kerzenschein" - ISBN: 9783750401877

2020
„Meine Heimat Kleinmachnow" - ISBN: 9783751930772
„Meine - Deine - unsere Schulzeit" - ISBN: 9783751950497
„Durch das Jahr" - ISBN: 9783752672176
„Winterzeit" - ISBN: 9783752672169
„Mystische Geschichten" - ISBN: 9783752672190

2021 „Liebesbriefe" - ISBN: 9783755741084

„Alte Schätze" - ISBN: 9783755741275

„Gesammlte Perlen 2021" - ISBN: 9783755741244

„Wege" - ISBN: 9783756833474

2022 „Federn, Flossen, weiches Fell" - ISBN: 9783756859818

"Missgeschicke" - ISBN: 9783756888672